CONFÉRENCES
DE L'EXPOSITION UNIVERSELLE INTERNATIONALE DE 1889.

L'ORGANISATION SOCIALE
DE LA CHINE,

PAR

M. LE GÉNÉRAL TCHENG-KI-TONG,

PREMIER SECRÉTAIRE DE LA LÉGATION DE CHINE.

28 AOÛT 1889.

PARIS.

IMPRIMERIE NATIONALE.

M DCCC XC.

L'ORGANISATION SOCIALE

DE LA CHINE.

N° 25.

CONFÉRENCES

DE L'EXPOSITION UNIVERSELLE INTERNATIONALE DE 1889.

L'ORGANISATION SOCIALE

DE LA CHINE,

PAR

M. LE GÉNÉRAL TCHENG-KI-TONG,

PREMIER SECRÉTAIRE DE LA LÉGATION DE CHINE.

28 AOÛT 1889.

PARIS.

IMPRIMERIE NATIONALE.

M DCCC XC.

L'ORGANISATION SOCIALE
DE LA CHINE.

Mesdames, Messieurs,

Appelé à parler ici de la *société en Chine*, je ne vous cacherai pas que j'éprouve un léger embarras au moment d'aborder mon sujet. Non pas que je sois étranger à la question à traiter : je vous le dirais, vous ne me croiriez pas. Ce n'est pas non plus que je me sente gêné par l'insuffisance des matériaux, ni troublé par la difficulté de choisir, dans nos us et coutumes, les éléments de cette conférence.

Mon hésitation provient uniquement de la crainte, bien naturelle, que je dois éprouver, en venant exposer, encore une fois, des idées que j'ai déjà souvent émises.

Après avoir tant de fois essayé de montrer au public européen quels sont les rapports et les différences de nos deux civilisations, je me demande si je ne fatiguerai pas aujourd'hui votre attention; si le cadre dans lequel je suis obligé de me mouvoir sollicitera suffisamment votre intérêt, pour que le développement d'une thèse qui m'est chère trouve en vous un auditoire sympathique et disposé à accueillir favorablement quelques vérités qui, à défaut d'autre mérite, ont celui de venir de très loin.

Mais une chose me rassure : le choix fait par les éminents organisateurs des conférences de l'Exposition universelle de 1889 me prouve que, dans leur pensée, la question que j'ai plusieurs fois traitée sous différentes formes est assez neuve encore pour mériter d'être de nouveau produite en public. D'ailleurs, un grand écrivain français l'a dit : «Ce n'est qu'à force de frapper le même clou

qu'on parvient à l'enfoncer; il ne faut pas se lasser de dire et
redire, jusqu'à ce qu'on soit parfaitement sûr d'avoir fait pénétrer dans les consciences les vérités que l'on veut faire connaître. »

C'est dans cette double conviction que je puise la tranquillité
nécessaire pour venir esquisser, à vos yeux, un tableau synthétique
de la société chinoise : quelque chose comme une vue à vol d'oi-
seau de notre monde oriental, que je me suis proposé de rapprocher
de l'occident européen; désir bien naturel dans tous les temps,
mais plus compréhensible que jamais à notre époque de rayonne-
ment intellectuel; dans ce xixᵉ siècle qui, par ses chefs-d'œuvre
scientifiques, par ses chemins de fer et ses télégraphes, ses vapeurs
et ses aérostats, ses téléphones et ses phonographes, efface la dis-
tance et le temps, unit, chaque jour, dans une même pensée tous
les peuples du globe terrestre et convie l'humanité tout entière à
célébrer, dans la capitale intellectuelle du monde, les victoires de
l'intelligence réalisées en ces temples merveilleux du travail et de
l'industrie humaine.

J'ai donc choisi, sur la demande qui m'en a été faite, le titre de
cette conférence : *la société en Chine.*

La tâche est difficile; mais pour pouvoir causer avec vous de
mon pays d'une façon générale, je n'ai guère de meilleur sujet
que la société. Car la société est, en réalité, tout l'Empire du
milieu.

L'État lui-même n'est qu'une grande société d'assurance mutuelle
en vue de la sécurité et du bien-être général, dont toutes les familles sont des membres adhérents.

Les questions politiques, chez nous, sont étroitement liées aux
questions sociales; d'autre part, les questions de parti n'inter-
viennent jamais. L'empereur lui-même, qui nous gouverne, s'est
proclamé glorieusement le père de tous ses peuples, par consé-
quent le chef de cette grande famille chinoise composée de plus
de 400 millions d'enfants. Sous son gouvernement, nous sommes

comme des pupilles volontairement soumis au sage tuteur chargé d'administrer nos biens, de défendre nos intérêts et de nous assurer le bien-être et la paix.

Il est considéré par nous comme le fils du ciel, c'est-à-dire comme l'homme doué de plus de vertus qu'aucun autre humain. Sachant que de ses moindres actes dépend le sort de ses innombrables enfants, il fait tout ce qui est humainement possible pour faire régner le bonheur dans ses vastes États.

Tous nos livres sacrés, d'ailleurs, établissent la nécessité d'un gouvernement paternel et font du bonheur de la nation le but même de l'existence du Gouvernement.

« Obtiens l'affection du peuple, lit-on dans le *Ta-Kio* ou grande étude, et tu obtiendras l'Empire ; perds l'affection du peuple et tu perdras l'Empire. »

Confucius a assigné pour idéal à l'homme l'amélioration de soi-même et des autres. Cette pensée doit être constamment présente aux gouvernants et aux gouvernés. Aussi le philosophe pouvait-il ajouter à juste titre : « Gouverner son pays avec la vertu et la capacité nécessaires, c'est ressembler à l'étoile polaire qui demeure immobile à sa place, alors que toutes les autres étoiles circulent autour d'elle et la prennent pour guide. » Ainsi la vertu est proposée comme idéal à tous les hommes et doit distinguer, plus particulièrement encore, le souverain, auquel notre grand penseur rappelle à chaque page l'étendue de ses devoirs, la nécessité de les remplir et d'être sans cesse préoccupé de leur accomplissement.

Dès lors, la société acquiert immédiatement une direction définie vers le progrès, dont elle ne saurait plus s'écarter.

Voyons comment le Gouvernement s'est conformé aux prescriptions du maître.

Auprès de l'empereur, et fonctionnant à titre de conseil, *le grand secrétariat de l'État* dirige toute l'action gouvernementale et en harmonise les différentes branches de telle manière que l'État chinois est comme une image agrandie de la famille chinoise; comme celle-ci, l'État est fondé sur l'union de l'homme et de la terre, préconisée avec tant d'amour par Michelet. Car la terre, chez nous, demeure en somme propriété nationale : l'agriculteur n'en a que l'usufruit, auquel lui donne droit son travail. « Une famille doit être un petit État », disent nos sages; on verra, plus tard, combien cette assimilation est réelle en Chine.

Sous l'impulsion du grand secrétariat fonctionnent huit ministères : personnel administratif, finances, rites, guerre, travaux publics, justice, affaires étrangères, marine.

Le Ministère du *personnel administratif* nomme aux emplois publics; il choisit les fonctionnaires parmi les lettrés, — car, en Chine, il faut avoir passé les examens pour obtenir une situation gouvernementale, — il exerce sur ses divers lieutenants un contrôle incessant et reçoit les plaintes des citoyens contre les administrateurs. On voit qu'il tient, à la fois, du pouvoir exécutif et du Conseil d'État.

Le Ministère des *finances* est aussi celui de l'agriculture, et cela se comprend : il perçoit en effet les impôts, dont le plus important, de beaucoup, est l'impôt foncier, fixe; les produits variables des douanes, du sel et des mines ne viennent qu'en second lieu. Le même ministère effectue les payements. Son rôle est celui d'un bon comptable des deniers publics, chargé d'encaisser les fonds et de payer les différents services.

Le Ministère des *rites* administre les temples et en dirige les solennités; il est chargé de l'assistance publique; il surveille les greniers des réserves du Gouvernement et les institutions de bienfaisance; enfin il centralise les concours littéraires de tous les degrés : il tient donc lieu des ministères des cultes et de l'instruction publique, ainsi que de l'administration de l'assistance. De plus, il fait promulguer les lois et en surveille l'exécution, comme, en Europe, le chef d'État et le ministre de la justice.

Le Ministère de la *guerre* est chargé d'entretenir l'armée indispensable à la sûreté du pays et centralise tout ce qui se fait dans l'armée chinoise.

Le Ministère des *travaux publics* contrôle les travaux de viabilité, de canalisation, entrepris par les autorités locales, qui jouissent, dans ces matières, de la plus grande initiative : nos gouvernants ont jugé que personne n'était plus en mesure que les intéressés, de formuler des décisions en pareil cas.

Le Ministère de la *justice*. Ce ministère n'intervient que pour les affaires criminelles, que le conseil de famille ne peut punir. Sauf ces cas, pas de ministère public; jamais d'avocats, d'avoués, de notaires, d'huissiers. Pour les différends entre particuliers, la justice n'agit que lorsqu'on fait appel à ses décisions. Les parties s'expliquent elles-mêmes et le juge prononce selon l'équité, en tenant compte de l'opinion des familles.

Puisque le Ministère de la justice ne s'occupe spécialement que des affaires criminelles, on comprendra que la Chine n'ait rédigé qu'un seul code : le code pénal, dont les punitions peuvent être modifiées selon les circonstances atténuantes ou aggravantes.

Le Ministère des *affaires étrangères* était, autrefois, une section du Ministère des rites; il en a été détaché depuis une trentaine d'années et constitué en département particulier, sous le nom de « Tsong-li-Yamen ».

Les membres font tous partie des autres ministères; de même nos diplomates, outre leur fonction actuelle, ont toujours un grade dans un de nos ministères.

Le Ministère de la *marine* a été créé, il y a trois ans, au moment où l'effectif de notre flotte commençait à devenir assez important pour nécessiter cette innovation.

Je suis obligé, ici, d'attirer votre attention sur l'organisation particulière de nos ministères. Aucun d'eux n'est dirigé par un seul ministre; ils sont régis, chacun, par un conseil de six membres, dont deux présidents et quatre vice-présidents, pour moitié Chinois, pour moitié Mongols ou Mandchous. Depuis l'avènement de la dynastie régnante, le premier de ses empereurs, qui était Tartare-Mandchou, prit cette mesure vraiment sage pour éviter la rivalité entre les deux races. Ce caractère mixte s'étend presque jusqu'au dernier degré de la hiérarchie.

C'est par une conception de sagesse analogue que, depuis des siècles, nos empereurs, prévoyant la possibilité des dissensions religieuses et voulant prévenir ces dangereuses explosions, confondirent dans la personne du souverain les trois religions, dont les chefs furent placés sous ses ordres immédiats. Grâce à cet arrangement, Taoïstes, Bouddhistes et disciples de Confucius vivent en paix, les uns à côté des autres, sans que personne cherche à empiéter sur le terrain du voisin.

J'ai dit que notre gouvernement tout patriarcal n'a voulu avoir la haute main sur ces cultes que pour en empêcher les conflits : la preuve, c'est qu'il n'intervient aucunement dans le culte des ancêtres, qui appartient à la famille et est la base principale de nos conceptions religieuses.

Je compléterai cette esquisse politique de la Chine, en vous disant que notre division administrative comprend : dix-huit provinces, gouvernées par des vice-rois; cent quatre-vingt-deux départements, administrés par des préfets; douze cent quatre-vingt-treize cantons, régis par des sous-préfets. Enfin viennent les communes, dont le nombre est indéterminé, et sur lesquelles nous aurons à revenir plus bas.

Ce rapide résumé de nos institutions serait bien insuffisant, si je ne m'arrêtais quelque temps pour vous faire connaître un organisme politique propre à la Chine, et dont on ne retrouve nulle part ailleurs l'équivalent. Je veux parler de la *Censure*. Je conserve à dessein cette appellation, généralement usitée en Europe. Je m'empresse de vous dire que notre censure n'a rien de commun avec son homonyme, très irrévérencieusement connue dans la presse sous le nom d'*Anastasie*.

Notre censure est tout autre chose. Le Tou-Tcha-Yang mérite bien son nom, dont la traduction exacte est celle-ci : *La cour qui veille à tout.*

Je vous disais, il y a quelques instants, que notre nation est comme une grande famille; que le souverain se considère comme le père et le représentant de ses sujets. Aussi regarde-t-il comme son premier devoir de se pénétrer constamment de la pensée, des aspirations et des besoins du peuple. Mais comment entretenir cette union intime entre l'empereur et la nation? Les différents départements administratifs, restreints chacun à sa sphère d'action spéciale, ne pouvaient suffire à cette tâche. Le *Tou-Tcha-Yang* devint ce lien nécessaire, maintint l'harmonie entre le souverain et le peuple.

Créée plus de onze siècles avant l'ère chrétienne, la censure réunit, tour à tour, aux deux pouvoirs législatif et exécutif, le pouvoir judiciaire et le contrôle administratif, l'examen de tous les actes officiels, des archives et des comptes de l'État.

L'organisation définitive, qui date de la dynastie actuelle, a fixé le nombre des membres du collège des censeurs à cinquante-six, dont vingt-huit Chinois et vingt-huit Mandchous. Il y a, de plus, pour chaque nationalité, un président et un vice-président. Enfin les vice-rois et les gouverneurs portent les titres respectifs de présidents et de vice-présidents, mais avec une compétence limitée à leur ressort administratif.

La Cour qui veille à tout siège dans la capitale, où lui est affecté un palais spécial. Elle délibère en commun sur toutes les affaires, sauf celles de censure proprement dite, dont chaque membre a l'initiative, mais qu'il doit exercer seul et qui ne devient collective que dans des circonstances exceptionnellement graves. La Cour distribue entre les membres le contrôle des provinces et des administrations. Elle surveille les ministres et même le grand secrétariat, qui les inspire; de plus, douze censeurs spéciaux sont chargés d'inspecter, chaque jour, les administrations centrales.

Constamment préoccupée des actes du Gouvernement et de l'empereur lui-même, la Cour délègue quelques-uns de ses membres qui couchent toujours au palais impérial et accompagnent le souverain dans ses voyages. Les conseillers intimes du Maître de la Chine lui présentent, lorsqu'ils le jugent utile, d'abord leurs observations, et au cas où ces sages paroles ne seraient pas écoutées, leurs critiques, souvent formulées en termes sévères. Rien ne peut détourner ces magistrats de leurs devoirs, et l'histoire nous offre de nombreux exemples de leur fidélité que la crainte de la mort ne put jamais ébranler.

Ayant l'initiative la plus large, la Cour examine la légalité et la justice des mesures gouvernementales.

Elle surveille les agissements des fonctionnaires; tout opprimé peut s'adresser à elle; tout condamné injustement peut en appeler à la censure, constituée alors en tribunal de cassation. Et, malgré ces pouvoirs illimités, le censeur est responsable : s'il pouvait arriver qu'il calomniât, le lésé pourrait le traduire devant les tribunaux ou devant un autre censeur et faire condamner le coupable. Ainsi, la justice est au-dessus de ces magistrats mêmes, qui ont pourtant le droit de demander révocation ou dégradation des fonctionnaires; de délibérer en dernier ressort sur les condamnations pénales; de renvoyer les rapports des vice-rois et gouverneurs; de faire rapporter les décrets impériaux déjà signés; qui, enfin, étendent leur surveillance sur tous, depuis le dernier des sujets jusqu'à l'héritier présomptif.

Les censeurs sortent tous de l'Académie; ils doivent donc avoir passé l'examen du troisième degré. Leur traitement modeste leur est payé directement sur la cassette impériale. L'argent, d'ailleurs, est bien peu de chose, lorsqu'on songe à l'estime qui s'attache à cette fonction si recherchée : devenir le guide de l'empereur et l'avocat du peuple; être appelé à jouer ce rôle de l'œil, toujours ouvert, de la conscience publique; jouir de l'affectueux respect dont le peuple entoure les membres intègres de sa *Cour qui veille à tout,* tel est le plus haut idéal que puisse se proposer l'ambition d'un lettré chinois.

Je vous ai entretenus jusqu'ici de la grande famille chinoise; j'ai à vous parler maintenant de la petite, de son organisation, de la manière dont elle intervient, elle aussi, comme facteur essentiel dans certaines régions de notre système politique et social.

On sait que la base fondamentale du Gouvernement impérial est la piété filiale. Naturellement, la famille ne saurait être constituée que d'après ce même principe.

Le chef de famille a tout pouvoir sur les membres placés sous ses ordres. Il n'est pas d'expression européenne qui corresponde à l'autorité dont il est revêtu. C'est le mot de *patriarcat* qui rendrait le mieux l'expression chinoise : encore ne fait-il qu'approcher du véritable sens, sans le rendre exactement.

Outre l'administration intérieure de la maison, le père représente la collectivité, composée de tous les enfants, de leurs conjoints et de leurs descendants. J'emploie ce mot collectivité, parce que, chez nous, l'autonomie individuelle n'existe pas. Tous les membres de la même famille sont mutuellement et solidairement responsables des actes commis par chacun d'eux; l'individu, dès lors, disparaît dans la famille, qui constitue une véritable personne morale. Un des siens est-il élevé aux honneurs, tous participent à son illustration. Dans le cas contraire, si l'individu commet un crime, ses parents les plus proches sont punis pour n'avoir pas mieux élevé le coupable, et surtout pour ne pas avoir su à temps empêcher la réalisation de l'acte inculpé.

La thèse générale du droit pénal, en Chine, est celle-ci : le criminel ne devient tel, que parce que le milieu n'a pas exercé sur lui une influence suffisamment salutaire. Dès lors, procédant logiquement, la justice devait étendre cette solidarité au delà même de la famille.

C'est ce qu'elle a fait.

Pour certains crimes particulièrement odieux, — je citerai, par exemple, le parricide, — ce n'est pas seulement la famille du coupable qui est frappée : les familles voisines et le magistrat du district sont enveloppés dans la même réprobation. Un crime atroce a été commis dans le cercle où s'étend leur action, ils ont tous péché. Tous, ils devaient agir par l'exemple, par l'enseignement, de façon qu'un des leurs ne se souillât point d'un pareil forfait.

Ces mesures, au premier abord, paraissent plus que sévères : cruelles, barbares même. Mais, à la réflexion, on revient bien vite de cette impression superficielle. La solidarité, en effet, n'a pas pour résultat de frapper l'innocent avec le coupable; au contraire, elle correspond exactement au but que s'est proposé le législateur: celui de diminuer la criminalité, en forçant toute la population à une surveillance mutuelle; en obligeant la collectivité à agir, moralement, sur le cœur et le cerveau de ses membres, pour les améliorer; physiquement, pour les empêcher de mal agir.

Quelques détails de statistique criminelle vont confirmer ce que j'avance.

A Hankow, ville de près de 2 millions d'habitants, on ne put signaler qu'un meurtre en trente-quatre ans. Dans la province de Tcheli, sur 25 millions d'habitants, il n'y eut, en 1867, que douze exécutions; n'oublions pas d'ajouter ici que le vol, trois fois répété, est puni de mort et que la capitale de l'Empire est située dans le Tcheli.

Voilà des chiffres qui indiquent certainement un état supérieur de la moralité générale. Je n'hésite pas à attribuer à la solidarité de la famille et des groupes de familles cette criminalité si extraordinairement faible.

J'ai parlé de la rareté, en Chine, de l'infanticide. La solidarité est encore une des causes qui met obstacle à la perpétration de ce crime. Les unions illégitimes sont très rares chez nous, et les classes pauvres, chez lesquelles on en rencontre parfois, habitent dans les maisons à cloisons légères, où il est impossible de se dissimuler aux voisins. Or ces derniers seraient responsables du crime commis; de là une surveillance mutuelle, qui rend de tels méfaits presque impossibles.

Autre résultat qui a bien son prix : c'est grâce à ces responsabilités collectives que trente mille fonctionnaires environ suffisent à administrer le tiers de la population du globe. Le bon ordre, dans le meilleur sens de ce mot, a pour auxiliaires infatigables ces milliers de collectivités qui ne voient le salut de tous que dans la moralité de chacun. D'ailleurs, Confucius a dit qu'on ne peut gouverner l'empire que lorsqu'on sait bien gouverner la famille. Il entendait certainement par là que les familles bien gouvernées constituent, d'elles-mêmes, une portion de l'empire bien administré. Aussi, un fonctionnaire est-il immédiatement destitué si quelqu'un de sa famille a commis un acte contraire aux lois ou aux bonnes mœurs. Comme il veillera à ce que chacun, chez lui, suive le droit chemin !

Ces devoirs, d'ailleurs, correspondent à des droits. Si la famille est responsable, elle intervient activement, d'autre part, dans un certain nombre d'affaires publiques. Toutes les questions communales, par exemple, — et la compétence des communes est assez étendue, — sont réglées par l'assemblée des chefs de familles, à la majorité des voix et en dernier ressort. En cas de guerre, ce sont ces assemblées qui procèdent à la levée des milices destinées à défendre la localité; ce sont elles encore qui font des manifestations publiques, pour féliciter les bons fonctionnaires, demander le renvoi des mauvais, ou protester contre telle nomination jugée nuisible aux intérêts du pays.

La famille, assemblée en conseil, exerce sur ses membres l'autorité judiciaire qui, dans les temps très reculés, était le privilège exclusif du père. Ce dernier, quoique respecté de tous, n'est pas un autocrate, loin de là. La famille est une petite commune, dont le concours est indispensable au chef dans tous les cas intéressant la collectivité; en l'absence du père, son autorité est dévolue à la mère qui préside à la place de son mari.

On voit qu'il y a dans ces petites communautés une image diminuée de la grande collectivité nationale ; un petit État, qui n'entre pas en lutte, un seul instant, avec le grand, mais qui tient à côté de ce dernier une place considérable, avec ses droits, ses devoirs et ses responsabilités diverses ; ce sont comme de petits groupes de fonctionnaires volontaires, chargés de maintenir le bon ordre, et en même temps des écoles, où se forment les hommes qui seront appelés un jour, à des titres divers, à prendre leur place dans le gouvernement du pays.

La tâche de ce dernier devient, par ce système, extrêmement facile : il n'a pas besoin de décréter des lois multiples pour ordonner telle ou telle méthode d'instruction ; chaque chef de maison est obligé de tenir le livre de famille, qui renferme les actes de l'état civil, les jugements, la biographie des ascendants, etc. Chacun est donc forcé de savoir lire et écrire. L'instruction se fait d'elle-même, par l'intérêt de tous et la collaboration de chacun. Il suffit au Gouvernement, pour recueillir les fruits de ce jardin public, de donner de temps en temps quelques encouragements et d'ouvrir toutes grandes les portes de nos concours à tous les citoyens de bonne volonté. Les parents qui auront bien élevé leurs enfants recevront les mêmes honneurs que leurs descendants et trouveront ainsi la récompense de leurs efforts et de leurs sacrifices. C'est pourquoi les enfants sont toute l'espérance de la famille, solidaire avec eux et qui réalisera en eux ses rêves.

Du moment où la femme devient, en l'absence du mari, le chef de la famille, il est clair que le Chinois doit être monogame et le mariage indissoluble. Néanmoins il est des circonstances où la nécessité d'avoir un héritier donne lieu à une seconde union. Cette deuxième femme n'est pas légitime, en ce sens qu'elle ne suppléera pas le chef de la maison, mais ses enfants tiennent le rang qu'auraient obtenu ceux de la femme légitime. Il se passe, dans ce cas, quelque chose de tout à fait analogue à ce que la Bible rapporte de Sarah qui, n'ayant pas d'enfants, donna à son mari Abraham sa servante Agar, afin qu'il en eût un fils. Lorsque j'arriverai au culte des ancêtres, on verra combien, avec nos idées, il est indispensable que la famille se perpétue en descendance mâle.

J'ai dit que nous avions trois religions : celle de Lao-tze, dont les adhérents portent le nom de Taoïstes, admet la métempsycose. Elle est suivie par la partie la moins instruite du peuple.

Celle de Fo, plus connue sous le nom de Bouddhisme, est une doctrine métaphysique, dans laquelle le penseur trouvera des aperçus remarquables.

Enfin la religion des lettrés est celle de Confucius ; c'est une pure morale, prêchant les sentiments les plus élevés et ayant pour but essentiel le perfectionnement de l'homme par l'éducation du cœur.

C'est à cette philosophie religieuse que se rattache le culte des ancêtres, généralement pratiqué en Chine et auquel je vous demande la permission de m'arrêter quelques instants.

Il n'est pas de force morale plus grande, pas de puissance plus énergiquement agissante pour le bien, que la tradition, dans la famille. Le culte des ancêtres n'est pas autre chose que la mise en action de cette influence moralisatrice.

Il dérive du grand rôle joué dans notre société par la famille. Les ancêtres représentent, dans le passé, cette personne morale. Les tablettes qui portent leurs noms, la mention des services rendus par eux et des titres qu'ils ont obtenus, font que les générations disparues sont sans cesse présentes aux yeux de leurs descendants pour leur servir d'exemple, les encourager au bien, les exciter à rivaliser d'efforts pour égaler ceux qui ne sont plus.

Aussi ce culte, si bien compris, existe-t-il dans toute la Chine ; chez les plus pauvres, comme chez les plus riches, l'arbre généalogique de la famille reçoit les mêmes honneurs, est entouré du même respect. Et chacun, au lieu de vivre isolé sur la terre, sent qu'il fait partie d'un tout ; qu'il a derrière lui les ascendants qui le sollicitent à faire comme eux son devoir d'homme de bien et à laisser après lui des enfants qui, à leur tour, s'honoreront de son exemple, pour perpétuer les traditions d'honneur et de vertu qui font la puissance d'une race.

Aussi, le plus grand malheur qui puisse arriver à un Chinois, c'est de se dire que son arbre généalogique pourrait ne **plus** pousser de nouvelles branches; que le culte de ses ancêtres pourrait s'éteindre.

De là deux conséquences très importantes : la première, je vous l'ai déjà fait entrevoir : la femme légitime tolérera une autre femme à côté d'elle, pour perpétuer la race de son mari.

D'autre part, le célibat, si fréquent en Europe, est chose inconnue en Chine. Chacun voulant avoir des enfants, le mariage est une nécessité morale, un devoir social, auquel on ne saurait se soustraire : c'est le complément rigoureusement indispensable du culte des ancêtres.

La femme non seulement s'occupe de son ménage, mais encore est principalement chargée des soins à donner aux vieux parents, très respectés chez nous. Aussi, comme il n'est guère de famille qui ne se perpétue, nous n'avons pas, en Chine, de ces institutions de bienfaisance, communes en Europe: maisons de retraite, hôpitaux pour les vieillards. Ces choses n'existent pas et ne peuvent exister, parce que nous n'en avons pas besoin. La famille en tient lieu et remplace avantageusement — tout le monde sera d'accord avec moi sur ce point — ces établissements philanthropiques.

Il va sans dire qu'avec pareille conception de la famille, les mariages d'argent sont impossibles; le jeune homme s'attache exclusivement aux qualités morales de sa fiancée, choisie d'ailleurs par les parents, que leur expérience de la vie rend plus aptes à élire celle qui devra être la compagne de leur fils.

La cérémonie même du mariage n'est ni religieuse ni civile, dans le sens qu'on attache, en Europe, à ce mot : célébrée sans prêtre ni fonctionnaire; elle est purement familiale. Nous ne comprenons pas ce que la religion ou l'autorité pourrait ajouter à un acte fait par la famille, pour la famille, et de la compétence exclusive de la famille, qui y voit son avenir et son but suprême.

J'ai dit que le mariage était indissoluble. Il y a un tempérament à apporter à cette sentence trop exclusive. Le divorce existe depuis plus de deux mille ans, pour certains cas exceptionnels. Je n'en citerai que deux, qui nous sont particuliers : 1° celui de désobéissance accompagnée d'injures envers les parents de l'un des époux; 2° celui où la femme, arrivée à un certain âge, n'a pas d'enfants et perd l'espoir de donner des héritiers à son mari.

Ces deux cas de divorce peuvent paraître singuliers, au premier abord : ils n'ont rien que de logique et de légitime, dès que l'on se reporte à l'organisation de la famille chinoise.

La désobéissance, avec circonstances aggravantes, est une atteinte directe au culte des ancêtres; l'impossibilité d'avoir des enfants amènerait l'extinction de la famille, et par suite celle du même culte. On voit donc que le législateur a sagement agi, ne faisant que se conformer, sur ces deux points, à l'ensemble des institutions qui caractérisent notre société et lui imposent son cachet particulier.

J'ajoute que les deux faits ne se présentent que rarement. Bien plus, dans le second cas, il existe chez nous une double ressource, qui permet aux conjoints, unis par des liens de longue affection, de ne pas se séparer. La première, je vous l'ai déjà fait connaître : c'est l'adjonction d'Agar à Sarah; la deuxième est l'adoption d'un enfant, pris de préférence parmi ceux de la famille; à défaut de ceux-ci, on choisit un jeune garçon que l'on connaît bien et auquel on croit pouvoir confier en toute sécurité le soin de continuer la ligne et de rendre aux ancêtres le culte qui leur est dû.

Ajoutons quelques mots sur le partage des biens dans la famille.

Lorsque le père meurt, sa veuve prend l'usufruit de deux parts d'enfants. A défaut d'enfants, elle a l'usufruit du tout, mais ne peut devenir propriétaire que si le mari a décidé qu'il en serait ainsi.

C'est le fils aîné qui détiendra le champ patrimonial. Mais n'allez pas croire que les autres enfants soient dépouillés : la communauté subsiste entre eux, sauf dans le cas de partage des biens, mesure à laquelle on ne recourt que contraint et forcé. Tous continuent à cultiver ensemble les terres de la famille et cette indivision se maintient pendant des générations.

Les filles n'héritent pas : le législateur n'a pas voulu que les biens sortent de la famille; aussi la femme ne reçoit-elle qu'une petite dot, en argent ou en mobilier. Elle n'en sera pas moins heureuse pour cela : elle est sûre, du moins, qu'on ne l'épousera pas pour sa fortune.

Ainsi, chaque collectivité conserve ses biens; l'égalité s'en trouve mieux assurée : les femmes ne vont pas grossir de leur dot la fortune de la famille dans laquelle elles entrent par le mariage, et les terres ne s'accumulent pas pour se stériliser entre les mains d'un petit nombre de grands propriétaires. D'ailleurs, tous les biens autres que la terre sont également partagés entre les fils, en réservant, bien entendu, deux parts à la mère.

Grâce à cette législation, le bien-être est généralement répandu : la terre, étroitement unie à l'homme, lui rend au centuple ce qui lui a été confié; et le peuple, satisfait et heureux, jouit de la vie, dans la paix d'une existence largement assurée.

J'ai essayé de vous présenter les principaux organes constitutifs de la société en Chine : le gouvernement, avec ses divers rouages; les cultes; enfin la famille, son organisation particulière et les modalités que subit, chez nous, la transmission des fortunes. Je pourrais développer beaucoup d'autres points de vue encore. J'aurais voulu vous faire connaître notre agriculture, qui sait utiliser jusqu'au moindre coin de terre; vous montrer notre paysan, sobre et travailleur, riche du plus gigantesque système d'arrosage que le monde ait jamais réalisé et élevé, d'après les prescriptions de nos livres, tant de fois séculaires, à ne pas perdre un atome de ce qui peut rendre force et vigueur au sol nourricier; inventant le *Circulus* bien avant Pierre Leroux.

J'eusse voulu encore vous faire assister, par la pensée. à nos fêtes, à nos plaisirs; vous montrer combien notre culte national, ennemi des spéculations religieuses et du fanatisme qui en résulte, s'attache exclusivement à la morale, consacrée par la vie de famille.

Mais la tâche est trop vaste et ma conférence deviendrait trop longue. Arrivé à la fin de cette démonstration, bien écourtée, si l'on tient compte de la multitude des questions soulevées, je reviens au début, pour vous inviter à comparer un instant les civilisations qui se développent aux deux extrémités opposées du diamètre de la terre : la vôtre plus agitée et plus impétueuse; la nôtre plus calme, comme il convient à un pays âgé déjà de plus de cinq mille ans d'existence historique reconnue.

Et lorsque j'aurai exprimé toute mon admiration pour les chefs-d'œuvre de vos arts et de vos sciences, de vos lettres et de votre industrie; lorsque j'aurai rendu hommage à la merveilleuse clarté de vos méthodes, à la puissance de pensée avec laquelle vous élucidez tous les grands problèmes de philosophie scientifique qui constituent le progrès au xixᵉ siècle; alors, je vous demanderai à mon tour votre juste et sérieuse considération pour tout ce qu'il y a de grand et de respectable dans notre civilisation déjà si ancienne : pour nos inventions trente fois centenaires; pour notre peuple innombrable, si patient et si laborieux; pour notre constitution politique et sociale, si bien appropriée à nos besoins, grâce à une expérience incomparablement prolongée; enfin, pour ces magnifiques traités d'amélioration de l'homme, rédigés par nos sages, devenus partie intégrante de notre enseignement national, qui ont appris aux générations la douceur. la modestie et la tolérance. et, s'attachant avant tout à perfectionner le cœur humain, ont assis sur une morale élevée les fondations inébranlable de la société chinoise.